DE L'ORIGINE

DE LA

GUERRE D'ITALIE

ET DES

CONSÉQUENCES DE LA PAIX DE VILLAFRANCA

PAR

LE MARQUIS DE GABRIAC

Ancien Ambassadeur, Sénateur.

PARIS

LIBRAIRIE NOUVELLE

BOULEVARD DES ITALIENS, 15

A. BOURDILLIAT ET Cie, ÉDITEURS

La reproduction et la traduction sont réservées

1859

DE L'ORIGINE

DE

LA GUERRE D'ITALIE

ET DES

CONSÉQUENCES DE LA PAIX DE VILLAFRANCA

La guerre d'Italie vient de faire rayonner la France d'une gloire militaire nouvelle, d'autant plus brillante qu'aucun échec ne l'a ternie, d'autant plus pure qu'aucun projet de conquête n'a motivé cette guerre.

Plus généreux que son oncle, c'est dans l'ordre moral que l'empereur actuel poursuit ses conquêtes, c'est la réputation de libérateur des peuples qu'il ambitionne.

S'étant engagé envers le Piémont à le défendre contre les agressions de l'Autriche, il a volé au secours de la Sardaigne attaquée; mais sachant combien la guerre est contraire au bonheur et au progrès des nations, dès qu'il a cru avoir atteint le but auquel il visait, il s'est hâté de réjouir l'Europe par une paix victorieuse, mais sans bénéfice pour lui. Tous les amis de l'ordre ont accueilli cette paix avec d'autant plus de bonheur qu'elle était plus imprévue. Cependant cette paix n'a pas empêché que le droit et la révolution, opposés l'un à l'autre, ne troublent l'Italie en ce moment.

J'ai longtemps vécu en Italie, j'y ai commencé ma carrière diplomatique, à Naples d'abord, comme secrétaire de légation, à Turin ensuite, pendant cinq ans, comme premier secrétaire d'ambassade. Or la guerre est venue du Piémont, et c'est encore le Piémont qui fait naître les obstacles qui s'opposent aujourd'hui à la pacification définitive de la péninsule. J'ai donc pensé que mes souvenirs sur les traditions constantes de la politique sarde pouvaient offrir quelque intérêt ; j'y joindrai mon opinion sur la manière dont les difficultés actuelles me paraissent pouvoir être résolues.

Le roi de Piémont a une politique très-différente de celle de l'empereur Napoléon III, politique d'agrandissement, héréditaire, traditionnelle dans sa famille. Le grand cœur d'Alexandre ne pouvait se borner à la Macédoine, le courage et l'habileté des princes de Savoie n'ont jamais pu se contenter de leur fortune.

Placés entre deux grandes puissances qui, fort heureusement pour eux, se maintinrent dans une constante rivalité, maîtres des défilés des Alpes, commandant à des populations belliqueuses, les comtes, depuis ducs, depuis rois de la maison de Savoie vendirent successivement leur alliance, à la France contre l'Autriche, à l'Autriche contre la France, venant au secours du plus fort, bénéficiant d'abord sur leur allié pour prix de leur assistance, ensuite sur son ennemi vaincu comme récompense de leur victoire.

Voici quelques traits de cette politique toute utilitaire et d'agrandissement constamment suivie par les princes de la maison de Savoie :

En 1696, le duc de Savoie, Victor-Amédée II, abandonna la grande ligue qui combattait Louis XIV ; en retour, il obtint pour lui Pignerol, pour sa fille la main du duc de Bourgogne. Mais ces liens de famille n'enchaînèrent pas la politique du duc de Savoie : la guerre de la succession d'Espagne ayant éclaté en 1703, il vendit son alliance à l'empereur Léopold Ier contre la France pour une partie du Montferrat, pour les provinces de Valence, d'Alexandrie, du val de Sesia, et pour le territoire situé entre le Pô et le Tanaro. Ensuite, lors des négociations pour la paix d'Utrecht, il demanda et obtint, comme dépouille de l'Espagne, avec le titre de roi, la Sicile qu'il fut depuis obligé, en 1720, d'échanger contre l'île de Sardaigne.

Lors de la guerre de la succession de Pologne, le roi de Sardaigne, Charles-Emmanuel, revenu à l'alliance de la France, gagna par le traité de 1739, conclu à Vienne, deux districts du Milanais, savoir : le Novarais et le Tortonais, et les quatre terres de San-Fedele, Torre de Forti, Gravedo et Campo Maggiore.

En 1741, la succession d'Autriche ayant donné lieu à une nouvelle guerre, le roi de Sardaigne se déclara d'abord contre Marie-Thérèse ; ensuite voyant que les Espagnols qui faisaient la guerre avec lui convoitaient comme lui le duché de Milan, il quitta l'alliance franco-espagnole, se tourna contre nous, et par les traités de Turin et de Worms, pour salaire de cette défection, il reçut de l'impératrice le Vigevanasco, la partie du duché de Pavie située entre le Pô et le Tessin, le Plaisantin et le pays d'Anghiera. Enfin, par le traité général et définitif d'Aix-la-Chapelle, du 18 octobre 1748, ces cessions furent maintenues en faveur du roi de Sardaigne, sauf Plaisance et son territoire rétrocédés à l'infant don Philippe avec les duchés de Parme et de Guastalla. Mais la réversion du Plaisantin fut assurée au roi de Sardaigne en cas d'extinction de la descendance mâle de don Philippe, et en même temps les rois de France et d'Espagne s'engagèrent à capitaliser le revenu dudit pays et à en remettre le montant au duc de Savoie.

Cinquante ans plus tard, le fruit de tant d'intrigues heureuses et de guerres fructueuses fut enlevé par la révolution française à la maison de Savoie.

Dépouillée de toutes ses possessions continentales, elle fut réduite à l'île de Sardaigne, mais la fortune lui réservait d'amples compensations. En 1814, elle reprenait son royaume de terre ferme agrandi de l'État de Gênes qui lui assurait un débouché pour ses productions, un commerce florissant et une marine marchande offrant tous les éléments d'une bonne marine militaire. C'est la haine de l'Europe contre la France qui lui valait alors ces avantages; cependant la cour de Sardaigne montra qu'elle aurait voulu obtenir encore plus. Voici à quelle occasion :

En 1815, l'Europe, après avoir définitivement vaincu et expulsé l'empereur Napoléon, voulut profiter de la destruction de notre armée et de l'occupation de la France par les troupes étrangères, pour affaiblir considérablement cette France qui avait donné au monde tant d'inquiétude. Toutes les puissances coalisées, à l'exception de la Russie, prétendaient démembrer la France; une carte de la nouvelle France fut dressée, elle est déposée aux archives du ministère des affaires étrangères; cette carte nous enlevait l'Alsace tout entière, une grande partie de la Flandre, de la Lorraine et même un morceau de la Champagne. La Sardaigne, qui s'était jointe à nos ennemis et dont les troupes étaient à Grenoble, demanda alors pour elle le Dauphiné qui se trouvait fort à sa convenance. Heureusement pour nous, l'empereur Alexandre s'opposa énergiquement à ce grand démembrement de la France, et son veto fit renoncer à ce projet; mais il ne crut pas pouvoir refuser son adhésion à la restitution de la partie de la Savoie que le traité de 1814 nous avait laissée, ainsi qu'à la cession par la France de Landau et des villes des Pays-Bas qui nous furent enlevées. C'est donc à la Russie que nous devons l'intégrité du territoire qui nous est resté.

Quinze ans plus tard, lorsqu'en 1830 nous préparions la conquête d'Alger, la Sardaigne sollicita près du cabinet français la possession pour elle de la régence de Tunis, comme elle vient de nous demander avec plus de succès l'acquisition de la Lombardie.

Tels sont les faits qui marquent dans l'histoire les traces de la traditionnelle et persévérante ambition du cabinet de Turin ; maintenant observons la marche qu'il a suivie pour préparer et amener la dernière guerre, et la rendre aussi utile qu'il était possible à son agrandissement ; cette préparation remonte au prédécesseur du roi actuel, au roi Charles-Albert.

Longtemps avant son avénement au trône, le prince de Carignan avait vivement souhaité la conquête de la Lombardie ; mais il sentait qu'il ne pourrait se concilier les sympathies de cette province sans opérer de profondes réformes dans le régime gouvernemental du Piémont, sans lui donner une constitution.

En Italie, l'influence du clergé a beaucoup diminué, et la direction morale des populations appartient surtout aux nobles, aux professeurs et aux avocats. Le prince de Carignan se croyait donc assuré d'obtenir les suffrages des Lombards en instituant à côté d'eux, en Piémont, cette forme de gouvernement qui donne une influence prédominante aux grands propriétaires et aux grands parleurs. Lors donc qu'une révolution éclata à Turin en 1821, dans le but d'obliger le roi Victor-Emmanuel Ier à donner une constitution au Piémont, le prince de Carignan était loin de vouloir s'y opposer, mais il était aussi loin de s'entendre avec les directeurs de cette révolte. Les Italiens de cette époque n'enviaient et ne désiraient que la constitution démocratique que l'Espagne venait de se donner et que Naples avait adoptée avec cette passion fiévreuse qui exalte et qui abandonne si aisément les populations de l'Italie. Cette popularité de la constitution espagnole amena à Turin en 1821 les résultats suivants :

Victor-Emmanuel, vaincu par une insurrection populaire, abdiqua la couronne, et jusqu'à ce que son frère Charles-Félix, devenu roi, pût être revenu de Modène, où il se tenait en ce moment, les rênes du gouvernement furent confiées au prince de Carignan avec le titre de régent. Le nouveau régent délibérait en conseil, dans son palais, sur les mesures à prendre, tandis que le peuple, ameuté par les meneurs, attendait avec impatience sur la place Carignan le résultat de la délibération. Tout à coup un homme armé d'un poignard s'élança dans l'escalier, et, profitant du facile accès que les révolutions donnent dans les palais royaux, il pénétra jusqu'à la salle du conseil. Là, il demanda au prince quelle constitution il comptait donner au Piémont ? « Une » constitution française, » répondit le prince « Altesse, » répliqua le questionneur, lorsque les rois donnent des » constitutions, ils dispensent des chartes françaises ; » mais lorsque les peuples prennent des constitutions, » ils s'attachent à la constitution espagnole, et *nous n'en* » *souffrirons pas d'autres.* » A ces paroles, le prince comprit ce qu'était un peuple révolutionné, et mesura aussitôt la faiblesse anarchique du parti à la tête duquel il se trouverait, s'il s'alliait à ce peuple. Sans hésiter, dans la nuit suivante, il sortit de Turin avec la princesse de Carignan, pour se rendre auprès de son beau-père, le grand-duc de Toscane. Depuis dix-huit mois, il y vivait dans un profond repos, lorsque le prince de Metternich le dénonça au congrès de Vérone en 1822. Le prince de Metternich était à cette époque l'homme le plus considérable de la diplomatie européenne. Par son incontestable habileté, il avait acquis une influence dominante sur l'esprit de l'empereur de Russie. La Prusse le considérait comme le plus ferme soutien de l'ordre dans ces temps de révolution ; et l'Angleterre, animée alors du même esprit que la Prusse, trouvait en outre au prince de Metternich le mérite d'une opposition habituelle aux vues de la France. C'est avec le concours et l'assentiment de ces puissances, qu'en 1820 et 1821, les Autrichiens avaient non-seulement réprimé les insurrections de Naples et du Piémont, mais encore laissé des corps d'occupation dans ces deux royaumes pour prévenir tout soulèvement nouveau. Encouragée par la complicité de ces puissances, l'Autriche osa plus encore. Le prince de Metternich connaissant les projets du prince de Carignan et devinant que, malgré l'échec qu'il avait subi, il les reprendrait tôt ou tard, conçut le dessein de l'exhéréder du trône de Sardaigne, si les puissances qui se trouvaient réunies à Vérone voulaient y consentir. Il commença par pressentir auprès des différentes cours quel sort pourrait avoir une semblable proposition motivée sur le crime de révolte dont le prince de Carignan était accusé de s'être rendu coupable envers le roi Victor-Emmanuel Ier.

La Russie accueillit froidement cette ouverture, l'Angleterre hésitait, mais la Prusse appuyait le prince de Metternich.

Dans une affaire aussi grave et dans un moment

aussi critique, la France ne dissimula pas ses sen-
timents; elle protesta formellement contre une pareille
proposition, alléguant avec force que ce n'était pas à
une époque d'instabilité dans les gouvernements que
les souverains devaient ajouter à l'agitation générale
en imposant arbitrairement aux nations des change-
ments qui devenaient de véritables révolutions. Cette
franche opposition de la part de la France détermina
celle de la Russie, et fit entièrement échouer la tentative du prince de Metternich; depuis lors les droits
du prince de Carignan ne furent plus contestés. De
son côté, le prince voulant se laver de ses souillures
révolutionnaires, comme on le disait alors, et recon-
naissant envers la maison de Bourbon, alla servir
comme simple grenadier dans l'armée française qui as-
siégeait Cadix. Il fit partie du corps qui, traversant la
nuit à gué le canal du Trocadero, s'empara de l'impor-
tante position dont la prise détermina la soumission
de Cadix, et par suite la délivrance du roi Ferdinand.

Depuis lors, le prince Charles-Albert, devenu roi en
1831, ne put songer à donner une constitution au Piémont au milieu de l'ébranlement général causé en Europe par l'expulsion de la branche aînée de la maison
royale en France, et en présence de l'influence prédominante de l'Autriche, qui avait augmenté ses forces
en Italie.

Mais, lorsqu'en 1846, le pape actuel, Pie IX, crut, à
son avénement au trône pontifical, devoir témoigner à
ses sujets sa tendance vers une forme plus libérale de
gouvernement, tendance dont il fut ensuite si mal ré-
compensé, le roi Charles-Albert pensa que tout ce qu'il
ferait dans le même sens serait justifié par l'exemple
du saint-siége. Il ne se trompa point; mais le roi

Charles-Albert, en octroyant, en 1846, une constitution au Piémont, déclara en fait la guerre la plus dangereuse à l'Autriche. Les sympathies de la Lombardie furent dès lors assurées au roi constitutionnel, et, lorsqu'en 1848, la révolution républicaine de France fit jaillir du sol de l'Europe les flammes d'une liberté plus ou moins anarchique, lorsque les Lombards eurent expulsé les Autrichiens de Milan, ils appelèrent à leur secours le roi Charles-Albert, devenu le champion de la liberté italienne; son armée passa le Tessin.

Les premiers combats furent tous à son avantage, mais le maréchal Radetzky reçut des renforts, et le roi de Sardaigne ne trouva pas dans la France républicaine une volonté bien franche de secourir un roi. Défait à San-Donato, il fut obligé de rentrer en Piémont.

La campagne de 1849 fut encore plus malheureuse pour lui ; vaincu à Novare, et, s'éloignant le plus possible du théâtre de ses revers, Charles-Albert alla mourir de douleur en Portugal, léguant à son successeur, avec son trône, sa défaite à venger et le Milanais à conquérir. Le roi Victor-Emmanuel, son fils, recueillit cet héritage, et l'homme qui bientôt après devint son premier ministre, le comte de Cavour, se chargea avec passion de satisfaire à ce legs d'ambition et de vengeance.

J'ai beaucoup connu à Turin la famille du comte de Cavour, qui est une des plus anciennes et des plus distinguées du Piémont. Je l'ai connu lui-même : il réunit, par un don assez rare, un esprit fécond en ressources à une volonté très-ferme, et un talent oratoire distingué à beaucoup de suite et de persévérance dans ses desseins, il en a donné des preuves. Qu'on y joigne une extrême ambition d'agrandir son pays, et l'on aura aisément l'explication de sa conduite.

M. de Cavour comprit qu'il fallait changer la politique de Charles-Albert. La bataille de Novare avait complétement démontré que, dans la position du Piémont vis-à-vis de l'Autriche, le mot chevaleresque du roi Charles-Albert : *L'Italia fara da se*, n'était pas applicable, et qu'il fallait avant tout, pour réussir dans ses desseins, obtenir le secours d'États puissants qui voulussent s'associer aux ressentiments du Piémont contre l'Autriche. M. de Cavour savait en outre que l'empereur Napoléon III désirait l'indépendance de l'Italie. Cependant cette sympathie pouvait ne pas suffire pour décider le monarque français à prodiguer le sang et les trésors de ses sujets pour la cause sarde. Dès lors le comte de Cavour jugea que la manière la plus sûre d'intéresser l'empereur en faveur du Piémont serait de s'adresser à sa générosité, et, s'il était possible, à sa reconnaissance.

La guerre de Crimée vint bientôt offrir au ministre sarde une occasion d'autant plus favorable, qu'en s'associant à cette guerre le ministre n'exposait son pays à aucun danger sérieux, et que la Sardaigne n'avait en effet aucun grief particulier contre la Russie. Bien loin de là, jusqu'en 1854 les relations entre le Piémont et l'empire russe avaient presque constamment été celles d'un obligé envers un protecteur. A plusieurs époques, notamment en 1816 et en 1822, la Russie avait rendu d'importants services à la Sardaigne et elle était intervenue avec succès auprès du cabinet de Vienne pour faire rendre au Piémont Alexandrie, et pour faire cesser l'occupation militaire de l'Autriche dans les États sardes. Ces bonnes relations politiques étaient fortifiées par un commerce très-actif et très-lucratif entre Gênes et Odessa. La France et l'Angleterre devaient donc être d'autant plus touchées du renfort que la Sardaigne leur apportait contre la Russie, que la Sardaigne y perdait davantage, puisqu'elle substituait l'état de guerre à des relations aussi utiles pour sa politique que fructueuses pour son commerce. Ces sacrifices étaient gratuits en apparence, mais acceptés par l'ambitieuse Sardaigne dans l'espérance d'être admise, au retour de la paix, au conseil des grandes puissances, et de devenir un jour elle-même une grande puissance si les circonstances la favorisaient.

L'on assure que, la guerre terminée, M. de Cavour s'empressa de demander une rémunération territoriale pour les loyaux services rendus par son pays à la France et à l'Angleterre, mais le moment était mal choisi. L'agrandissement sollicité ne pouvait être pris en Italie que sur l'Autriche ou sur les États qu'elle protégeait. Or l'Autriche, en obligeant par son attitude la Russie à signer le premier traité qui depuis un siècle et demi eût arrêté sa marche et diminué son influence toujours grandissante, l'Autriche avait bien mérité de l'Europe qui ne pouvait en ce moment vouloir la spolier. M. de Cavour le comprit ; seulement il pensa qu'il suffirait pour le moment de la décréditer, en ramenant l'attention de l'Europe sur cette question de l'Italie à l'égard de laquelle il est si facile d'exalter les esprits généreux. Effectivement l'Italie, comme la Grèce, a le privilége d'une gloire passée qui rend sa faiblesse présente plus humiliante, le joug de l'étranger sur elle plus lourd, et l'intérêt des autres peuples pour elle plus vif et plus constant que s'il s'agissait de toute autre contrée divisée ou asservie.

De là chez les nations qui marchent à la tête de la civilisation, comme la France et l'Angleterre, une sympathie et une compassion sincères pour les souffrances de l'Italie ; sans bien examiner, il est vrai, si elles étaient exclusivement le fait du joug étranger, ou le résultat de la mollesse et des discordes italiennes ; car généralement les nations ont le sort qu'elles méritent ; leurs qualités ou leurs défauts décident de leur destinée. Si les Polonais, par exemple, n'eussent poussé la désunion et la jalousie entre eux au point de préférer leurs ambitions et leurs vengeances particulières au salut de leur patrie, ils n'eussent probablement pas donné le spectacle d'une nation composée de vingt millions d'hommes, les plus vaillants du monde, asservie et partagée.

L'Italie fut moins malheureuse que la Pologne ; on ne peut néanmoins se dissimuler que dans la partie soumise à l'Autriche il n'y eût, entre les gouvernés et les gouvernants, une opposition d'esprit, de caractère, de goûts, d'intérêt, d'opinions, qui rendait le joug autrichien insupportable aux Lombards. Cet antagonisme même provoquait une défiance soupçonneuse, et par suite une tyrannie de police, dont le contrôle quotidien, étendu à tous les actes de la vie privée, était, véritablement fatigant et odieux. On ne peut non plus méconnaître que l'Autriche transportait cette police défiante dans ses rapports avec les autres États de l'Italie, police qui par l'intermédiaire des gouvernements réagissait jusqu'à un certain point sur les populations qui leur étaient soumses.

Telle était la situation que M. de Cavour voulait dépeindre au congrès ; il demanda donc à ses alliés, comme compensation des sacrifices faits par le Piémont en faveur des puissances occidentales, la permission d'occuper l'assemblée de la situation anormale dans laquelle la prépotence autrichienne plaçait l'Italie. Cette digression n'était pas bien régulière, car elle était entièrement étrangère au but du congrès et aux conditions de la paix avec la Russie. Mais M. de Cavour connaissait la passion avec laquelle le public anglais s'occupait de la question d'Italie. Il savait que le ministère anglais, mécontent et embarrassé du brusque dénoûment de la guerre contre la Russie, ne demandait pas mieux que de détourner l'opinion en Angleterre des discussions sur la guerre pour la reporter sur la question italienne. Pour être autorisé à en parler, M. de Cavour s'adressa donc d'abord à lord Clarendon et fut encouragé par lui à saisir le congrès des affaires d'Italie. Le comte de Cavour n'ignorait pas non plus que la politique élevée de l'empereur Napoléon était d'autant plus portée à s'inquiéter des souffrances des peuples qu'il les croyait plus opprimés. Il savait que l'empereur regardait un certain nombre de réformes comme devenues nécessaires dans les États de Naples et de Rome ; aussi avec l'appui de lord Clarendon il obtint aisément l'autorisation qu'il demandait.

Tout étant convenu, le comte Walewski, dans la séance du 8 avril 1856, exprima ses regrets sur l'état de l'administration intérieure de Naples et sur la nécessité de continuer à entretenir des troupes étrangères dans les États romains. Après lui le premier plénipotentiaire de la protestante Angleterre, naturellement hostile à la souveraineté temporelle du pape, renchérit beaucoup sur les critiques du président du congrès à l'égard de Naples et surtout de la situation des États romains.

Autorisé par ces deux exemples, le comte de Cavour attaqua directement l'Autriche. Il constata que son occupation des États romains finissait par avoir un caractère tout à la fois permanent et oppressif, puisque le gouver-

nement autrichien se croyait obligé de maintenir dans
toute sa rigueur l'état de siége établi à Bologne. Il ajouta
que la présence des troupes autrichiennes dans les Lé-
gations et dans le duché de Parme détruisait l'équilibre
politique en Italie, et constituait pour la Sardaigne un
véritable danger; insistant avec ténacité sur cette cir-
constance, il signalait à l'attention de l'Europe un état de
choses aussi anormal comme une source de périls pour
la paix du monde.

Pour justifier l'Autriche, les plénipotentiaires autrichiens alléguèrent naturellement les traités de 1815 et
ceux librement consentis par les princes italiens avec leur
cour, ainsi que la demande d'assistance adressée par
le pape au gouvernement autrichien après la révolution
de 1849. Ils allèrent plus loin ; ils rappelèrent que tandis
que la Sardaigne se montrait si délicate sur les préten-
dues influences de l'Autriche, elle n'avait pas elle-même
hésité à abuser de sa force envers le prince de Monaco
pour le spolier des communes de Menton et Roquebrune,
dont elle s'était emparée et dont l'usurpation paraissait
devoir durer indéfiniment.

En réponse le ministre sarde allégua l'esprit insurrectionnel qui régnait dans l'État de Monaco, et prétendit
que c'était seulement grâce à une garnison sarde que le
prince avait pu conserver la possession de sa capitale.

L'exactitude de cette réponse était contestable, mais
peu importait au comte de Cavour. Le congrès s'intéres-
sait faiblement aux réclamations du prince de Monaco.
La question d'avenir pour M. de Cavour était d'avoir
dénoncé en plein congrès, à l'Europe et à l'Italie, l'Autriche comme opprimant ce noble pays, et d'avoir montré
aux populations italiennes l'intérêt que la France et
l'Angleterre prenaient à leur libération.

Dès lors le but du Piémont était atteint, le mot d'ordre était donné aux Italiens et il ne s'agissait plus que de propager cette impulsion.

Pour atteindre ce but, le comte de Cavour avait trois instruments :

1o La tribune parlementaire de son pays ;

2o La presse révolutionnaire ;

3o Les mécontents italiens accourus de tous les points de l'Italie à Turin comme dans la capitale des haines contre l'Autriche. Pendant près de trois ans, les échos de la tribune piémontaise firent des maux de l'Italie des descriptions passionnées très-propres à en exalter le sentiment. Les journaux révolutionnaires exhortèrent les peuples italiens à mettre un terme à tant de douleurs. Les refugiés italiens exaltèrent le comte de Cavour, comme le seul homme capable d'accomplir cette glorieuse révolution. Ils firent effigier son image en bustes et en médailles; ils provoquèrent des députations qui le félicitaient et l'encourageaient. C'est ainsi qu'on travailla pendant ces trois années l'Italie, par la pensée, par l'espérance, afin que tout fût prêt pour le grand jour où un soulèvement général pourrait avoir lieu.

Le succès de ce travail fut grand. Pour se bien rendre compte de sa promptitude, il faut retracer ici deux conditions des imaginations italiennes. La première, c'est leur vivacité, vivacité à laquelle les Italiens doivent leur excellence dans les arts, mais qui les rend mobiles, entraînables, et aussi susceptibles d'engouement politique qu'ils l'ont été de fanatisme artistique. La seconde, c'est leur facilité à fléchir sous l'empire de l'opinion d'autrui ou de la craintе. Assurément l'Italie a produit et elle nourrit dans son sein un grand nombre d'hommes vaillants ; récemment encore, les troupes piémontaises ont rivalisé de bravoure et d'audace avec nos admirables soldats. Mais, il faut le reconnaître, dans les masses, et surtout dans les professions civiles, on est loin de rencontrer habituellement le même héroïsme; dix hommes exaltés imposent à cent irrésolus. Les assassinats ne sont pas assez rares pour que la crainte des poignards ne joue un rôle dans les déterminations des gens timorés. Longtemps les billets de la banque de Mazzini ont été acceptés et payés, par la crainte qu'éprouvaient de fort honnêtes gens d'être, en cas de refus, assassinés.

On sait que le célèbre chef de brigands, il Passatore, soumit une ville de la Romagne à une forte contribution, en apparaissant subitement, un jour de représentation, sur le théâtre avec trente bandits prêts à faire feu sur les loges et sur le parterre. Toujours en ce pays une petite minorité fera la loi à la majorité, parce que les novateurs exaltés par l'espérance de réussir ne reculent devant aucune extrémité, tandis que les conservateurs éprouvent de vives alarmes pour leur existence et leurs propriétés. Il en résulte qu'en Italie les gens réputés sages sont ceux qui, devinant le plus tôt possible quel est le parti qui doit l'emporter, se rangent de bonne heure de son côté. À l'époque dont nous parlons il n'était pas encore question de mesures violentes; mais le monde élégant était dégoûté de la lourde domination de l'Autriche, et le monde sensé calculait que la cause italienne, patronnée par le souverain de la France et par l'opinion publique de l'Angleterre, devait finir par triompher. Dès lors, un assez grand nombre de nobles, d'avocats, de professeurs, c'est-à-dire des hommes qui, en Italie, influent sur l'opinon, cédèrent aux excitations du cabinet sarde et devinrent les propagateurs de ses doctrines. C'est ainsi qu'il se forma en Italie un grand courant

d’opinions anti-autrichiennes, et qu’une ardeur de destruction du régime alors existant s’alluma dans plusieurs cœurs. Bien entendu que M. de Cavour prétendit
qu’aucun gouvernement, pas même celui d’Autriche,
n’avait droit de se plaindre de lui. Il subissait, disait-il
lui-même, tout le premier, comme ministre, les attaques
de la liberté de la presse et les inconvénients du régime
parlementaire. Était-ce sa faute à lui, si des journaux
incendiaires étaient acquittés par des jurés partageant
leurs opinions? Si des députés patriotes s’apitoyaient à
la tribune sur les douleurs de l’Italie? Si des réfugiés
lombards, toscans, modénais, romagnols, détestaient le
régime despotique qui opprimait leur patrie, et s’ils
excitaient leurs concitoyens à se révolter contre ce joug
odieux? Si toute l’Italie enfin, enviait et souhaitait avec
ardeur le régime parlementaire qui rendait le Piémont
si moral et si prospère?

Cette dernière assertion pouvait paraître hasardée,
car en Piémont le chiffre de la dette publique et celui
de la statistique des crimes allaient annuellement crois-
sant. Mais ce régime convenait très-bien à M. de
Cavour, car il lui servait tout à la fois de bouclier contre
les gouvernements décrédités par la Sardaigne, et de
levier pour soulever contre eux les peuples qu’ils gou-
vernaient.

Cependant M. de Cavour comprenait parfaitement que
ce système d’incessantes provocations devait attirer au
Piémont de la part de l’Autriche, d’abord des plaintes,
puis des menaces, enfin une invasion militaire. Le comte
de Cavour jugea donc qu’il était plus indispensable que
jamais de s’assurer du secours de la France. Déjà il connaissait les pensées que nourrissait l’empereur Napoléon III en faveur de l’affranchissement de l’Italie ; mais

M. de Cavour calcula que si un lien de famille venait relier la maison de Savoie à la dynastie impériale, cette sorte de communauté d'intérêts ne pourrait que fortifier la bonne volonté de l'empereur pour une émancipation qui devait se résoudre en agrandissement des États de la Sardaigne.

Ce fut dans cette intention que fut projeté et exécuté le voyage à Plombières où l'on croit que furent arrêtés le mariage de Mme la princesse Clotilde avec S. A. I. le prince Napoléon, et les plans d'affranchissement pour l'Italie.

Dès lors assuré en cas de danger du secours impérial, M. de Cavour, revenu à Turin, ne songea plus qu'à organiser l'armée sarde : il appela sous les armes tous les contingents disponibles ; il engagea en même temps tous les mécontents italiens à venir s'enrégimenter en Piémont, payant même au besoin leurs frais de voyage jusqu'à Turin ; il ne craignit pas de rechercher le secours de Garibaldi, l'ex-défenseur de Mazzini, et de lui confier les condottieri qui voudraient se ranger sous son commandement.

L'empereur d'Autriche, témoin de ce travail insurrectionnel et de ces préparatifs militaires, crut devoir y répondre par une grande concentration de troupes en Lombardie ; ce résultat était prévu et l'on peut dire désiré par le cabinet sarde, car pour exciter l'intervention française, il fallait que l'Autriche voulût mettre par la force un terme à des attaques qui compromettaient aussi gravement sa domination en Italie. Les Sardes, à la vue des troupes autrichiennes descendant des Alpes, redoublèrent leurs déclamations contre le despotisme autrichien. La demande d'un emprunt de cinquante millions, en vue des dangers du moment, fournit au parti révolutionnaire un excellent terrain pour multiplier dans la chambre sarde les invectives contre l'Autriche. Le rapporteur de la commission chargée d'examiner la demande d'emprunt, M. Robecchi, déclara en pleine chambre que la commission accordait l'emprunt, à condition que le gouvernement, non-seulement terminerait ses préparatifs de défense contre l'Autriche, mais encore qu'il se mettrait en mesure de venir au secours de toute insurrection qui éclaterait dans la Lombardo-Vénétie. Il paraît que ce langage accrut l'irritation du jeune empereur François-Joseph. Il se flatta qu'il pourrait donner au Piémont une leçon assez sévère pour qu'il en gardât un long souvenir ; malheureusement pour lui cette ardeur de vengeance l'enflammait au moment même où les puissances médiatrices, notamment l'Angleterre, espéraient pouvoir concilier dans un congrès les prétentions des puissances rivales. Les médiateurs accueillirent donc fort mal l'ordre de désarmement à trois jours de date envoyé par l'Autriche à la cour de Sardaigne, plus mal encore l'ordre expédié à l'armée autrichienne de passer le Tessin dans le cas bien prévu d'un refus. Mais à ce tort politique d'une agression qui entraîna la guerre, l'empereur François-Joseph ajouta le tort stratégique de n'en pas profiter, et par un nouveau délai prescrit pour l'attaque, au moment d'agir il donna à la France le temps d'accourir au secours de son allié.

L'histoire racontera les suites de cette imprudente tentative, les combats de Palestro, Melegnano, Turbigo, Magenta, Solferino, la gloire des armées françaises et celle de son illustre chef qui révéla à la France dans le même homme le coup d'œil de l'homme de guerre réuni à la pensée d'un grand politique.

Mais la victoire la plus extraordinaire, la plus glorieuse et la plus fructueuse, pour la France comme pour l'Europe, que Napoléon III ait remportée, est sans contredit celle qu'il a obtenue sur lui-même, lorsque s'arrêtant au milieu de ses succès, il proposa à l'empereur d'Autriche, d'abord un armistice, ensuite la paix à Villafranca.

A cette époque la bravoure des soldats français, exaltée par une série de victoires, ne laissait plus de chances probables de résistance à l'armée autrichienne. Derrière cette armée une flotte française, maîtresse de l'Adriatique, portant à bord quarante mille hommes et assurée du concours des Vénitiens, allait soulever Venise et placer l'ennemi entre deux feux. La tranchée était ouverte devant Peschiera; des canonnières blindées de fer allaient être versées dans les eaux qui environnent Mantoue, et elles y auraient probablement détruit sans retard des murs réputés inexpugnables. C'est dans des circonstances aussi favorables qu'on vit l'empereur Napoléon, se dégageant des fumées de gloire dont on cherchait à l'enivrer, renoncer en vue des intérêts de la France à la poursuite de la guerre, arrêter l'empereur d'Autriche dans sa ruine, et lui-même dans son triomphe.

Cette modération a été appréciée et d'autant plus applaudie par tous les bons esprits qu'elle s'alliait à de profondes raisons d'État. Ces raisons, l'empereur les a fait connaître lui-même en rendant compte des motifs de sa détermination aux grands corps de l'État réunis à Saint-Cloud.

« Il aurait fallu, leur disait-il, pour continuer les hostilités, s'appuyer franchement sur la révolution, et violant le territoire de la confédération germanique, combattre à la fois l'Autriche sur l'Adige et l'Allemagne sur le Rhin. Cette double guerre pouvait entraîner l'abandon de l'Italie ou exiger de la part de la France des sacrifices qu'un souverain ne peut demander à son pays que pour la défense de sa propre indépendance. Je ne le pouvais et je ne le devais pas. »

L'empereur a eu cent fois raison. Assurément assez de sacrifices avaient été faits par la France pour la cause italienne. En exiger de nouveaux et de plus grands encore eût été outre-passer les limites de la sympathie qu'un souverain peut devoir à une cause qui est étrangère à son pays. Ajoutons que la continuation de la guerre, non-seulement aurait embrasé l'Europe, mais qu'elle aurait encore détruit probablement tous les gouvernements italiens, à l'exception d'un seul.

Deux puissances combattaient pour l'Italie, en apparence dans le même but, en réalité dans des intentions bien différentes. La France, par la guerre, ne voulait détruire en Italie que l'oppression autrichienne, tandis que la Sardaigne voulait réunir l'Italie tout entière sous sa domination. En effet, la manière dont la guerre était conduite amenait inévitablement ce résultat.

La guerre une fois commencée, les princes de l'Italie centrale avaient déclaré leur neutralité ; mais leurs États étaient minés et l'explosion ne se fit pas attendre ; cette neutralité fut proclamée crime de *lèse-Italie ;* les affiliés accoururent de Turin, l'or et les promesses excitèrent les mécontents, les menaces effrayèrent les conservateurs ; les troupes sardes appuyèrent le soulèvement, les victoires des Français condamnèrent la cause de l'Autriche ; les princes furent chassés, les promoteurs de liberté arrivés au pouvoir régnèrent par la crainte ; et d'insurrection en insurrection, toute l'Italie centrale fut annexée aux États sardes. Restaient intactes les provinces cisapennines de Rome et le royaume de Naples. Mais bientôt à Naples on vit éclater une insurrection de la part des Suisses, et l'on y fit circuler la protestation d'un certain nombre de Napolitains, indignés, disaient-ils, de la neutralité de leur gouvernement. Par ces mesures, M. de Cavour tentait d'opérer dans le royaume de Naples un soulèvement analogue à celui qu'il avait provoqué dans l'Italie centrale; et si la guerre qui servait de prétexte à ces bouleversements avait duré, il est probable que le torrent de la domination sarde, descendu des Alpes, eût inondé toute l'Italie devenue monarchie unitaire, sous la domination de la Sardaigne, pour se transformer peut-être, avec le temps, en république socialiste sous la direction de Mazzini.

Telles ne pouvaient être les intentions de l'empereur Napoléon : le sang français qui venait de couler si abondamment ne pouvait avoir été répandu pour substituer en Italie le joug de la Sardaigne au despotisme de l'Autriche; tout porte à croire que dès que l'empereur eut acquis une pleine connaissance des manœuvres du cabinet sarde, il comprit qu'il ne pouvait en arrêter le cours qu'en faisant la paix. On voit par son empressement à la conclure, même en laissant la Vénétie à l'Autriche, combien la crainte, non-seulement de l'extension de la guerre, mais aussi celle des soulèvements italiens, l'avait vivement impressionné.

Il voulait, en effet, affranchir, non révolutionner l'Italie; le but est complétement atteint, du moment où l'Autriche, vaincue et diminuée, a perdu tout son prestige et toute son influence en Italie. Ce n'est plus à Venise ou à Vienne que les souverains détrônés et les assemblées populaires d'Italie qui leur ont succédé

vont chercher la décision de leur sort, c'est à Paris, à
Saint-Sauveur, à Biarritz, qu'ils se rendent ou qu'ils dé-
putent, les premiers promettant des constitutions, les
secondes sollicitant une annexion à la Sardaigne qui
leur est déconseillée, mais non en termes coërcitifs, par
suite de l'esprit libéral dans lequel la guerre a été en-
treprise.

L'Autriche elle-même sent la nécessité de réformer
son administration intérieure. Le cercle de fer dans lequel la Sardaigne se plaignait d'être enfermée est
brisé. C'est maintenant ce royaume qui menace les der-
nières possessions de l'Autriche en Italie, et non l'Autriche qui menace la Sardaigne. L'Italie est donc affran-
chie et le but de la France est atteint.

Mais celui de la Sardaigne semble ne pas l'être,
puisque la première démarche de son premier ministre,
en apprenant la paix, a été de donner sa démission,
montrant ainsi que cette paix, qui assurait la Lombardie
à son maître, rompait cependant ses desseins en détrui-
sant chez lui des espérances de conquêtes plus étendues.
On prétend qu'il aurait écrit à l'un de ses amis : « J'ai
» été joué, mais l'Italie me vengera. »

Toutefois, le travail qu'il avait entrepris dans l'Italie
centrale a complétement réussi. La guerre ayant expulsé
les anciennes dynasties, l'autorité dans ces pays était
tombée dans les mains des agents sardes. Les commis-
saires royaux du Piémont furent rappelés de Florence et
de Bologne, mais les gouvernements de ces pays n'en
sont pas moins restés subordonnés à la direction de ses
agents, dont le type et le modèle est M. Farini, député
par le Piémont au gouvernement de Modène, auquel a
été ajouté celui de Parme. D'abord il s'est fait naturaliser
modénais pour n'être pas compris dans le rappel des

agents exclusivement sardes comme M. d'Azeglio, à Bologne, ou M. Bentivoglio, à Florence. Ensuite, refusant même un simulacre de liberté aux peuples qu'il gouverne, il s'est fait nommer dictateur. En cette qualité investi d'une autorité absolue, il a nommé ou fait nommer les députés qui lui convenaient. Il a dicté l'annexion au Piémont, l'introduction du statut sarde, l'expulsion des jésuites, le bâillonnement des journaux et toutes les mesures convenables pour effrayer les opposants. L'on conçoit donc qu'avec de tels agents le cabinet sarde n'ait pas eu de peine à faire voter l'annexion au Piémont des quatre États de l'Italie centrale par quatre assemblées censées représenter ces États et composées d'hommes dévoués à la Sardaigne.

Pour justifier ces demandes d'annexion, aussi contraires aux droits des princes dépossédés qu'aux engagements de Villafranca, on invoque l'unanimité des suffrages de ces assemblées et la haine des nationaux pour les races déchues; on prétend que c'est aux peuples à décerner les trônes et non aux traités à les imposer. On allègue que l'autorité de l'empereur Napoléon étant elle-même le produit d'une élection nationale, il se mettrait en contradiction avec sa propre origine, s'il s'opposait à la réalisation des vœux des Italiens. On ajoute enfin que rétablir des princes formellement expulsés par des assemblés nationales serait organiser la guerre là où l'on n'était venu que pour assurer la paix.

Ces raisonnements sont fondés sur la supposition que les assemblées élues à Bologne, à Parme, à Modène et en Toscane, expriment le vœu national et représentent sincèrement l'opinion de la majorité dans ces pays; mais rien ne paraît moins exact.

Aux faits nombreux dénoncés dans le moment même,

par des témoins oculaires, et à l'aide desquels on serait parvenu à diriger, à forcer même bien des élections, il faut en joindre d'autres encore, qui également sont loin d'attester que l'annexion au Piémont soit le vœu de la majorité de ces pays.

D'abord on peut dire que le langage adressé par les ministres toscans au clergé et leur déclaration surprenante dans un pays libre de poursuivre, comme traîtres à la patrie, tous ceux qui s'opposeraient à l'annexion, trahissent un sentiment intime de crainte qui cherche à couvrir la faiblesse de son isolement par la violence de son langage.

En second lieu, il est certain que sur un million huit cent mille Toscans, quarante-cinq mille seulement ont été aux élections et ont décidé le vote de la Toscane ; qu'à Modène, sur cinq cent mille habitants, vingt et un mille seulement se sont chargés de représenter l'opinion du pays. Ce sont de bien petites minorités comparativement à la population de ces États ; mais, dit-on, les habitants exclus étaient illettrés. Ce sont cependant ces illettrés qui forment l'immense majorité du peuple, ce sont ces illettrés qui fertilisent le pays, qui le nourrissent, l'enrichissent, et au besoin le défendent au prix de leur sang. Ils avaient donc un grand intérêt et un droit incontestable à être consultés dans une affaire aussi majeure pour eux, et qui les touchait aussi directement que celle de savoir s'ils garderaient leur nationalité, et s'ils conserveraient la dynastie des princes pacifiques auxquels ils devaient leur bien-être, ou s'ils seraient livrés à des princes ambitieux et toujours prêts à leur enlever par la guerre leurs enfants, leurs économies et la paix, sans laquelle il n'y a pour le peuple ni travail ni salaire.

En troisième lieu, il est arrivé un fait dont il faut parler. Tandis que, sous les anciennes dynasties, les revenus publics suffisaient aux dépenses de toute l'année, cette année-ci les trésors de Florence, de Parme et de Bologne ont été bientôt mis à sec.

On sollicite des emprunts, il est même question d'emprunts forcés ; ces besoins urgents, ces déficits précoces, ne peut-on pas les attribuer en grande partie au salaire des électeurs et des élus ?

Ah ! ce n'est pas dans ces conditions que le glorieux empereur des Français a été nommé. Le choix d'un souverain étant une affaire capitale pour toutes les classes de la société, la justice du pays a voulu que tout homme en France qui était majeur et non repris de justice, qu'il fût lettré ou illettré, eût le droit de voter. Le vote ne pouvait compromettre le votant, puisqu'on mettait dans l'urne des oui et des non, sans signature. La liberté la plus complète a régné dans l'élection ; aussi, chose remarquable, sur dix millions d'électeurs appelés à voter, huit millions et demi ont voté, cinq cents et quelques mille contre, et à peu de chose près huit millions pour. Rien ne ressemble donc moins aux élections toscanes que l'élection impériale, et tous les raisonnements fondés sur une analogie d'origine sont radicalement faux. L'élection napoléonienne satisfaisait aux vœux de la très-grande majorité de la nation française, tandis que celles d'Italie ne paraissent convenir qu'aux intérêts d'un petit parti. Maintenant il faut reconnaître que les députés toscans obtenus par cette voie ont suivi une conduite très-logique. Nommés par l'influence sarde, compromis vis-à-vis de la maison de Lorraine, ils se sont hâtés de décréter sa déchéance perpétuelle et irrévocable, et de proclamer l'annexion de leur patrie aux domaines de la maison de Savoie ; seulement, il faut le remarquer, ce vote lui-même paraît fournir une nouvelle preuve de la faible minorité qui a nommé ces députés.

Tout homme qui connaît l'Italie sait l'amour des populations italiennes pour leurs traditions historiques, leur gloire domestique, leur indépendance nationale. Ce sentiment est particulièrement vif chez les peuples qui, comme les Toscans, ont conservé d'admirables monuments de leurs grandeurs passées, identifiés, pour ainsi dire, avec leur existence actuelle ; mais pour contempler avec orgueil et avec amour ces monuments, il faut que les Toscans demeurent Toscans. Et, de bonne foi, à qui persuadera-t-on que la grande majorité des Toscans souhaite passionnément, comme le disent l'assemblée toscane et sa députation, que la Toscane devienne un département piémontais ? A qui fera-t-on croire que la grande majorité des Florentins désire ardemment qu'un intendant piémontais s'installe au palais Pitti, dont la magnificence est évidemment faite pour de plus hautes destinées, afin de gouverner de ce palais l'Athène de l'Italie et la patrie du Dante ? Peut-on penser que cette majorité verrait avec plaisir l'académie de la Crusca, gardienne de la pureté de l'harmonieuse langue italienne, placée sous la direction d'un ministre parlant le patois piémontais ? Je ne sais, mais il me semble qu'à défaut des hommes, les pierres du Baptistère et du Palazzo-Vecchio, protesteraient contre une semblable dénationalisation, contre un pareil abaissement.

Il est donc très-possible que l'annexion de la Toscane au Piémont amène précisément cette agitation et ces troubles que l'on prétend vouloir éviter par cette réunion.

D'ailleurs sans s'arrêter à cette inconstance italienne, dont les Milanais donnèrent de si cruels exemples en massacrant le comte Prina, ministre des finances de Napoléon Ier qu'ils avaient tant admiré, et depuis, en tirant à balle dans les rues de Milan sur Charles-Albert, leur généreux défenseur, une question décisive se présente. De qui l'assemblée toscane tiendrait-elle le droit d'asservir son pays à un autre État? de river pour sa patrie des fers que dans peu de temps, peut-être, la Toscane voudrait briser au prix de tout son sang? On répond : « Du vote populaire; » mais on vient de voir ce que ce vote représente en Toscane. Si de pareils votes étaient légitimes, l'Europe entrerait promptement dans l'état d'anarchie qui désole les magnifiques contrées de l'Amérique du sud.

Si, en effet, le vote populaire est souverain et doit triompher des conventions les plus formelles, pourquoi le roi de Piémont ne permet-il pas aux habitants de la Savoie, comme ils en ont manifesté le désir, de se rassembler et de voter, s'ils sont en majorité, la réunion de leur pays à la France, dont ils parlent la langue, dont ils chérissent les mœurs, et qu'un si grand nombre de leurs enfants visitent tous les ans! Les hommes les plus honorables du pays en ont exprimé le vœu. Cependant le roi de Sardaigne, tout en s'appuyant sur le vote populaire pour réunir à ses Etats l'Italie centrale, refuse à ses sujets d'émettre leur vote pour se séparer de lui.

Une théorie exaltée quand il y a bénéfice, et repoussée lorsqu'il y aurait dommage, perd toute son autorité. Il est donc évident que l'assemblée toscane est sans droit pour soumettre la Toscane au Piémont, comme le Piémont est sans aucun droit pour accepter ce don.

La Toscane appartenait à un prince de la maison d'Autriche. L'empereur d'Autriche, forcé d'abandonner la Lombardie au roi de Sardaigne, a stipulé la restitution de la Toscane et du duché de Modène aux princes de sa maison. L'empereur des Français, traitant pour le roi de Sardaigne, a accepté cette condition. Le roi de Sardaigne a ratifié le traité par sa signature d'abord, ensuite en s'emparant immédiatement de l'administration de la Lombardie. Or, d'après le droit des gens, tous les articles d'un traité se tiennent. Ils dépendent tous les uns des autres, et le refus d'en accomplir un seul de la part de l'un des contractants abroge tout le traité par rapport à lui. Wattel est formel sur ce point ; il dit : « Quoiqu'on ne voie point de liaison immédiate entre quelques-uns des articles d'un traité, ils sont tous liés par ce rapport commun que les contractants les passent en vue les uns des autres par manière de compensation. »

Grotius ajoute : « Que tous les articles d'un traité ont force de condition dont le défaut d'exécution rend le traité nul. » Voilà la théorie.

En fait, au commencement de ce siècle, une guerre effroyable, et qui a duré onze ans, entre la France et l'Angleterre, a été motivée par l'inexécution d'un seul article de la paix d'Amiens, celui qui obligeait les Anglais à évacuer l'île de Malte.

Cependant le roi de Sardaigne, à en juger par ses réponses, ne paraît pas tenir compte des préliminaires de Villafranca qui rendent Modène et la Toscane aux archiducs. L'empereur d'Autriche de son côté ne semble nullement disposé à renoncer au retour de ses cousins dans les États dont ils ont été expulsés. D'autre part, le retour des gouvernements de l'Italie centrale paraît ne pouvoir être obtenu que par la force, et l'emploi de la force semble être interdit. La guerre pourrait

.donc surgir de l'annexion pure et simple de la Toscane au royaume de Sardaigne ; mais personne ne veut la guerre, ni les deux empereurs, ni le roi de Sardaigne lui-même. Comment donc sortir pacifiquement de cette impasse ? Une seule voie semble ouverte, celle-là même que le roi de Sardaigne a indiquée dans ses discours. Oui, il faut recourir à un tribunal supérieur à chacune des puissances prises isolément, à un tribunal assez éclairé pour que l'équité de ses décisions soit assurée ; assez intéressé à l'ordre pour qu'il maintienne la paix ; assez puissant pour que toute annexion, toute disposition des États italiens, faite sans son consentement, soit nulle de plein droit, tandis que tout jugement rendu par lui doit finir par être exécuté ; ce tribunal est celui des puissances européennes représentées dans un congrès ; lui seul semble pouvoir mettre fin à une situation précaire qui laisse le champ libre à la guerre, à l'anarchie, aux révolutions, et dont l'incertitude prolongée aggrave le danger.

Nous appelons de tous nos vœux la réunion d'un congrès.

LE MARQUIS DE GABRIAC.

10 octobre 1859.

Paris. — Imp. de la Librairie Nouvelle, A. Bourdilliat, 15, rue Breda.

9 7 8 2 0 1 3 5 5 3 0 4 9